Portada: fresco del Buen Pastor, catacumbas de Santa Priscila (Roma)

EL *BURNOUT* EN LA VIDA PASTORAL

*descripción analítica de las causas,
su gradualidad
y las circunstancias en juego*

P. Miguel Guerra

*A mis formadores, que supieron ser
reflejo de Cristo Buen Pastor*

IJG, HJB, JR

INTRODUCCIÓN

Estar quemado es un fenómeno que ha adquirido mayor relevancia en la sociedad actual, sobre todo en las últimas décadas, porque quien está en *burnout* ve afectadas negativamente sus relaciones personales, familiares, laborales... al punto de no reconocerse más como era antes. Pero no sólo, el individuo también experimenta una disminución considerable en su rendimiento personal: de ser alguien enérgico, ahora vive agotado; de ser un emprendedor creativo, tiene ahora dificultad para recordar proyectos; de vivir con ilusión el día a día, ahora no quiere saber más.

Quien se encuentra en la condición antes descrita, naturalmente, es porque desde hace tiempo ha emprendido el camino hacia esa dirección. No cabe duda de que su estado actual sea consecuencia de diversos factores –algunas veces inconscientes y ajenos a su propia voluntad, algunas otras veces no–, pero lo cierto es que, de no poner remedios concretos, terminará inevitablemente en profundas crisis existenciales o de identidad profesional. Esto, que implica un serio problema para la mayoría de las personas, adquiere un matiz particularmente delicado para los agentes de pastoral que fundan su trabajo apostólico en lo que libremente han elegido *ser*, respondiendo al llamado de Dios a seguirle más de cerca: sus consagrados.

El presente libro intenta conceptualizar realidades que frecuentemente se dan por descontadas en la vida de los *obreros de la mies* (*Mt* 9, 38) y que, sin embargo, pueden conducir a descubrir *inconsistencias personales* que, de no ser elaboradas e integradas en la propia vida, dejarán sólo heridas profundas y experiencias negativas del ministerio pastoral.

Quizás la meta sea aprender lo que Jesucristo dijo alguna vez a sus apóstoles, justo después de haberse reunido con Él para contarle todo lo que habían hecho y lo que habían enseñado:

«venid también vosotros aparte, a un lugar solitario, para descansar un poco», porque –agregará el evangelista– «los que iban y venían eran muchos, y no les quedaba tiempo ni para comer» (*Mc* 6, 31).

DESCRIPCIÓN GENERAL

Hablar del síndrome de *burnout* es hablar de una «forma de estrés»[1] que surge en el campo laboral, específicamente entre los *profesionales de la relación de ayuda*. Ahí se colocan los médicos, los bomberos, los profesores, las enfermeras... al igual que los sacerdotes, catequistas, religiosos y consagrados, quienes tienen un contacto directo persona a persona. A lo largo del trabajo me referiré a ellos como *agentes de pastoral*.

A este síndrome se le denomina también *sobrecarga emocional*, que coloquialmente significa «*estar quemado* ante las dificultades, los sinsabores y problemas»[2]. La psicóloga Cristina Maslach, después de estudiar el fenómeno en diferentes pacientes, enumera cuatro síntomas comunes: *agotamiento emocional*, en donde está presente el cansancio físico y la pérdida de vitalidad; *deshumanización*, que se acompaña de insensibilidad en el trato, de actitudes negativas y de cinismo hacia las personas que reciben sus servicios; *falta de*

---
[1] GIUSEPPE CREA, *Agio e disagio nel servizio pastorale*, EDB, Bologna, 2010, 18. Las traducciones de esta obra son mías.
[2] ENRIQUE ROJAS, *Adiós, depresión. En busca de la felicidad razonable*, Ediciones Planeta Madrid, Madrid, 2010, 272.

realización personal, con pérdida gradual del gusto al propio trabajo, sensaciones de insuficiencia y de baja autoestima; y por último, *síntomas físicos de estrés*, que incluyen agotamiento, cansancio anterior al esfuerzo, taquicardia, nerviosismo y malestar difuso generalizado[3].

Este cansancio y agotamiento, propios del *burnout*, no se identifican con la fatiga pasajera que es «habitual en la vida normal y, por supuesto, en cualquier tipo de enfermedad por ligera que sea: desde una gripe a unas anginas, [...] hasta el exceso de trabajo profesional»[4]. Más bien tiene que ver con una fatiga persistente y excesiva, que «incide negativamente sobre la capacidad del obrero de adaptarse a las exigencias ambientales»[5], al haberse sobrepasado en su ejercicio profesional. De consecuencia, su capacidad positiva de adaptación ya no funciona y las estrategias para afrontarlo fallan, conduciéndolo a una «afectación física y mental que se acompaña de manifestaciones psicosomáticas»[6]. Esto también es válido para los agentes de pastoral que

> si bien animados de un fuerte ideal religioso, si se exponen a situaciones de estrés siempre más intensas y siempre más persistentes, pueden también ellos pasar de una activación

---

[3] Cf. E. Rojas, *Adiós, depresión...*, 272.
[4] E. Rojas, *Adiós, depresión...*, 283.
[5] G. Crea, *Agio e disagio...*, 53.
[6] E. Rojas, *Adiós, depresión...*, 284.

energizante y frenética a un desgaste psico-fisiológico que los deja sin fuerzas[7].

Así es como aparece el *síndrome de fatiga crónica*, que se caracteriza por un

> *«cansancio profundo de una duración no inferior a seis meses, cuyas pruebas de exploración física o de laboratorio no aportan nada que lo justifique»*[8]

acompañado de alteraciones del sueño, trastornos cognitivos, disminución de la concentración, dificultad para memorizar y dolores de cabeza idiopáticos[9]. De este modo, el trabajo por los demás –que en los agentes de pastoral se traduce en servicio desinteresado a ejemplo de Cristo– puede tomar forma de activismo desgastante o de funcionalismo apático, sobre todo cuando se pierde de vista la motivación auténtica del ministerio[10].

El *burnout* se revela entonces como un «disgusto específicamente afectivo»[11], consecuencia de la tensión psicológica llevada hasta el límite, en donde «la afectividad ya no está mediada por un amor gratuito hacia la gente, sobre el modelo de Cristo buen Pastor, sino

---

[7] G. CREA, *Agio e disagio...*, 28.
[8] E. ROJAS, *Adiós, depresión...*, 282.
[9] Cf. E. ROJAS, *Adiós, depresión...*, 283.
[10] Cf. G. CREA, *Agio e disagio...*, 54.
[11] G. CREA, *Agio e disagio...*, 53.

centrada en los propios intereses»[12]. Y así como presenta un gran deterioro profesional, acompañado de «absentismo laboral, rotaciones de trabajo frecuentes, ansiedad, miedos diversos, depresión e incluso el deseo de abandonar ese puesto de trabajo»[13], el agente de pastoral, sin una caridad fundada en el amor a Cristo y a su Iglesia, arriesga comprometer no sólo los resultados de su trabajo apostólico, sino el «sentido mismo de la vocación, al punto de corroer la dimensión existencial sea de las actividades que del ministerio»[14].

Por esto el *burnout* no es sólo agotamiento y pérdida de fuerzas, sino también pérdida de ideales que, de no atenderse debidamente, puede llegar a tocar las fibras existenciales de la identidad misma:

> Aquellas que eran las motivaciones iniciales, fuertemente centradas en el servicio a los demás, poco a poco disminuyen y se transforman en una especie de desilusión, por lo que el obrero (agente de pastoral) se siente como desencantado y frustrado. [...] El denominador común de estas reacciones es la separación, sea física que afectiva. Así, el sujeto se «retira» psicológicamente en sí mismo, pierde entusiasmo e interés por la propia actividad y vive una constelación de síntomas que la (psicóloga) Maslach resume en términos de «síndrome de agotamiento emocional, de despersonalización y de reducción

---

[12] G. Crea, *Agio e disagio...*, 54.
[13] E. Rojas, *Adiós, depresión...*, 284.
[14] G. Crea, *Agio e disagio...*, 54.

de las capacidades personales que puede presentarse en sujetos que, por profesión, "se ocupan de la gente"»[15].

---

[15] G. Crea, *Agio e disagio...*, 55-56.

CAUSAS

Al ser un síndrome psicosomático, las causas del *burnout* son multifactoriales o de causalidad múltiple[16]. Aunque podríamos acercarnos desde diferentes perspectivas a considerar su génesis, nos limitaremos en esta sección a factores *psico-sociales*.

Psicodinámicas

Surgen de los contenidos inconscientes que no están presentes en el campo actual de la consciencia. Si la angustia existe como un fenómeno desagradable –dirá Freud– es porque representa la reacción o la respuesta ante una situación peligrosa. Por este motivo el *ego* desarrolla un reflejo de fuga, retirándose de la percepción amenazadora o del proceso del *id* que evalúa como una amenaza,

---

[16] Para la fatiga crónica se consideran factores genéticos, alteraciones del sistema nervioso central, alteraciones del sistema inmunitario o anomalías endocrinológicas, agentes infecciosos, trastornos de tipo psiquiátrico (depresión menor, hipocondría, depresión atípica, trastornos de la personalidad, ansiedad generalizada) en E. ROJAS, *Adiós, depresión...*, 283.

expresándolo bajo forma de angustia[17]. Así, «la ansiedad [...] representa el esfuerzo de adaptación que la persona lleva a cabo a nivel intrapsíquico para hacer frente a las situaciones externas en manera funcional de acuerdo con las propias experiencias interiores»[18].

Debido a esto, la persona tendrá que dar una respuesta adecuada, mediante mecanismos de defensa, que servirá para descargar la propia tensión de dos maneras: adoptando *comportamientos interpersonales conflictivos* (neurosis), con mecanismos de proyección y de desplazamiento; o a través de *reacciones somáticas*, con mecanismos de represión y de negación[19]. Cualquiera que sea el caso,

---

a largo plazo «todo se traducirá en manifestaciones psicosomáticas que pueden desembocar en verdaderas y propias condiciones patológicas para la salud»[20], *dado que expresan un conflicto no resuelto al que la persona busca dar solución.*

Para ilustrar esto, quizás sirva como ejemplo el agente de pastoral que suele ser autoritario en la forma de dirigir, y que además busca tener siempre la razón. Es un hecho que, a ojos de los demás, es

---

[17] Cf. G. Crea, *Agio e disagio...*, 35-36.
[18] G. Crea, *Agio e disagio...*, 35-36.
[19] Cf. G. Crea, *Agio e disagio...*, 36.
[20] G. Crea, *Agio e disagio...*, 37.

escuchado, tiene la idea justa y es considerado, aunque esto signifique para él vivir las relaciones con ellos de modo conflictivo. El agente de pastoral, por otro lado, siente que cuando se impone en una relación de competitividad logra encontrarse consigo mismo. Pero

> esta competitividad narcisista es sólo el efecto de una causa más profunda y central: la necesidad conflictiva de humillación de la que se defiende. Es arrogante porque, en el fondo, tiene poca estima de sí y, dominando a los otros, intenta inconscientemente compensar y defenderse del miedo de sentirse inconsistente y de no valer. Arrogancia y agresividad son una reacción defensiva que él utiliza para protegerse del miedo de ser devaluado. Y es tal reacción la que puede pasar a ser inadecuada y ocasión de agotamiento y estrés porque, en un contexto relacional altamente competitivo, él sentirá la confrontación como una crítica que agudiza su sentido de humillación y reaccionará con más arrogancia, hasta que... no pueda más[21].

Interpretación cognitiva

Reducir la dinámica del *burnout* a una relación unilateral de causa-efecto, limitaría mucho la comprensión del síndrome. Esto principalmente porque la reacción de un grupo de personas ante la

---
[21] G. CREA, *Agio e disagio...*, 36-37.

misma causa no es siempre igual, y la diferencia estriba en el modo en cómo cada uno *interpreta* el hecho. Así, «gracias a la propia mediación cognitiva, el individuo puede interpretar [...], y asignar significados diferentes a las situaciones que vive, hasta convertir un estímulo neutral en un estímulo estresante»[22]. El acento, por lo tanto, no viene puesto solamente en el factor estresante en sí mismo, sino también en la

> interacción entre los elementos individuales (la capacidad de valuación y de control, la vulnerabilidad al estrés, la influencia de las experiencias precedentes) y del ambiente circundante (las exigencias externas, el perdurar de las condiciones estresantes, el peso que tienen sobre la psique del individuo...), dando así vida a una concepción multidimensional del estrés a la que concurren las diversas dimensiones que son específicas de la persona, en particular aquellas que más caracterizan su estilo de interacción con el contexto en donde trabaja[23].

Evidentemente, esto hace que las reacciones patológicas o disfuncionales del individuo dependan en buena parte de *cómo las evalúa*. Nos situamos, pues, ante una perspectiva dinámica del estrés, que adjudica mayor responsabilidad al individuo y no lo coloca dentro de una realidad puramente estática, en donde a determinada causa correspondería un determinado efecto. El agente de pastoral, en este

---

[22] G. Crea, *Agio e disagio...*, 38-39.
[23] G. Crea, *Agio e disagio...*, 39.

sentido, está llamado a discernir los comportamientos que debe adoptar en su vida para gestionar el estrés propio del apostolado[24].

Motivación ausente

Si el *burnout* es común en las profesiones de ayuda, curiosamente adquiere un matiz especial en los agentes de pastoral. Quien ha decidido dedicar su vida al servicio del prójimo en nombre de Cristo, lo ha hecho como respuesta a una llamada. En este sentido, es una vocación que implica un estilo específico de trabajo –precisamente el pastoral– caracterizado por el contacto directo persona a persona.

Existe, por lo tanto, una asociación indivisible entre vocación y misión, en la que no se puede concebir una llamada lejos de la misión, ni una misión sin llamada.

En el agente de pastoral, no es sólo la relación causa-efecto o la interpretación cognitiva lo que causa el estrés, sino «la actitud con la que se acerca al trabajo (apostolado). Si es [...] de confusión, ansia, desesperanza o rencor, el trabajo se convertirá inevitablemente en fuente de grave estrés»[25]. Por lo demás, la crisis vendrá no sólo por el cansancio, dado que es normal que quien trabaja se canse, «sino

---

[24] Cf. G. Crea, *Agio e disagio...*, 39-40.
[25] G. Crea, *Agio e disagio...*, 104.

porque ya no sabe qué sentido dar a su cansancio»[26]. Así, lo que comenzó a nivel psicosomático ahora también ha mutado en motivacional, y las motivaciones existenciales/espirituales son las que subyacen a toda vocación[27].

De este modo, una vez menguada la motivación pastoral, la sobrecarga de trabajo sólo descubre «un amor herido en su esencia espiritual: emerge la división entre las tantas condiciones complejas [...] presentes en la pastoral y su incapacidad para reencontrar *el principio unificador* de su trabajo de caridad»[28]. El agente de pastoral comienza a sentirse más cansado, al mismo tiempo que pierde poco a poco el sentido de su vocación. De hecho,

> es típico que ellos experimenten una fatiga crónica, un grado de depresión bajo o medio, del fastidio y de la íntima insatisfacción por las propias ocupaciones, por ellos mismos y por la vida en general. Exteriormente ellos frecuentemente comienzan a mostrar signos de irritabilidad y de rigidez que en precedencia no eran consuetos. A diferencia de quienes tienen un colapso nervioso, éstos, sufriendo lo que ha sido llamado «agotamiento», trabajan todavía más duro, en vez de menos. Ellos tienen la tendencia a asumir muchos compromisos, pero parece que realizan pocos. La ocupación que alguna vez hacían

---

[26] G. Crea, *Agio e disagio...*, 105.
[27] Cf. G. Crea, *Agio e disagio...*, 105.
[28] G. Crea, *Agio e disagio...*, 82. Las cursivas son mías.

con gozo, se ha convertido en un peso, en cuanto que el entusiasmo y la motivación han cedido el lugar a la obligación[29].

Como es lógico observar, este dinamismo llevará eventualmente a una crisis de identidad fortísima, de la que trataré más adelante. En efecto, la perspectiva que adopta esta tesis es la integración psicoespiritual cuando en el agente de pastoral surge la desmotivación vocacional a causa del cansancio pastoral, lo que no es normal.

---

[29] G. Crea, *Agio e disagio...*, 82-83.

IDENTIFICAR LA CAÍDA

Así como se requiere de tiempo para llegar a una crisis profunda, del mismo modo el *burnout* no llega de repente para instalarse en la vida de los agentes de pastoral, sin previo aviso. Es un proceso que ha requerido de tiempo y de circunstancias específicas, por lo que, con la debida atención, pueden identificarse ciertas fases progresivas que conducen paulatinamente a la caída. La literatura psicológica suele enumerar cinco distintas, que presentamos a continuación:

Entusiasmo e idealización

No se trata del entusiasmo en sí, que es positivo, sino de un idealismo entusiasta. El individuo invierte demasiada energía en el ideal por alcanzar, sobre todo cuando es motivado por otros, y así se llena de expectativas tan altas que terminan por ser inalcanzables[30]. La situación se agrava cuando la presencia de un ideal subjetivo

---
[30] Cf. G. CREA, *Diagnosi dei conflitti interpersonali nelle comunità e nei gruppi*, EDB, Bologna, 2006, 136. Las traducciones de esta obra son mías.

demasiado fuerte, llega incluso a determinar la percepción de la realidad objetiva que vive, hasta el extremo de negarla[31]. De este modo, sin reconocerlo, el agente de pastoral comienza a elaborar fantasías apostólicas con metas poco realistas, como «la expectativa de éxito en donde los demás han fallado, la suposición de propias capacidades milagrosas, la dedicación a "casos" imposibles, la esperanza de reconocimiento social...»[32].

No tardará mucho, sin embargo, en tomar conciencia de que «la realidad es diversa de como la pensaba»[33], porque, si antes sólo sentía satisfacción y realización personal por la ayuda que brindaba a los demás, ahora también debe de hacer frente a las situaciones negativas y poco gratificantes de la profesión[34]. Así lo evidencia un estudio hecho entre el clero parroquial, resaltando que

los «pastores experimentan burnout cuando sus expectativas y su sentido de la llamada erosionan en desilusión, al sentir que su trabajo nunca se termina y al dudar de que sus esfuerzos tengan algún resultado»[35].

---

[31] Cf. G. CREA, *Agio e disagio...*, 62.
[32] G. CREA, *Agio e disagio...*, 62.
[33] G. CREA, *Agio e disagio...*, 60.
[34] Cf. G. CREA, *Agio e disagio...*, 60.
[35] LAURA K. BARNARD – JOHN F. CURRY, «The Relationship of Clergy Burnout to Self-Compassion and Other Personality Dimensions», *Pastoral Psychol* (2012) 61:150. Las traducciones de esta obra son mías.

Por si fuera poco, el agente de pastoral comienza a darse cuenta de que no logra satisfacer las múltiples exigencias de la gente, a pesar de su esfuerzo, y entonces decae el entusiasmo inicial.

Estancamiento y cansancio psicológico

La realidad comienza a no satisfacer las expectativas que tenía el agente de pastoral, porque no responde a sus necesidades. Las relaciones con los demás son estresantes y en general el clima se vuelve tenso[36]. Hay pérdida de energías y cansancio psicológico, por lo que el terreno se prepara poco a poco para la *despersonalización*[37]. El estrés, que parece no ceder, exige cada vez más una adaptación psico-fisiológica del organismo, que termina por consumir lentamente a la persona[38].

Frustración y despersonalización

Es así como la desilusión experimentada por el agente de pastoral cala hondo, sobre todo cuando no ve que se cumplen los objetivos que se había trazado. El desánimo lo invade y, cierto sentido de irritación hacia los demás, lo lleva a ser poco empático[39]. Comienzan las

---

[36] Cf. G. Crea, *Diagnosi dei conflitti...*, 136.
[37] Cf. E. Rojas, *Adiós, depresión...*, 284.
[38] Cf. G. Crea, *Agio e disagio...*, 28.
[39] Cf. G. Crea, *Agio e disagio...*, 63.

«respuestas frías, distantes, glaciales, monosilábicas, sin alma, con trato distante hacia los clientes, los enfermos o la gente con la que tiene que contactar»[40].

La idea de fracaso se anida en su pensamiento y, para defenderse del propio sentido de ineficiencia, transfiere sobre los demás el propio sentido de culpa a la vez que se construye barreras emocionales, asumiendo una actitud de cinismo hacia la gente y considerándola menos capacitada que él para la misión[41].

Apatía y falta de realización personal

Ahora no afronta directamente los conflictos y, como mecanismo personal de defensa, se refugia en un desinterés motivacional y emotivo[42]. Es cuando

> «el trabajo se vuelve pesado, poco grato, se va haciendo de mala gana y se tiene la vivencia de que no sirve para algo positivo, con una percepción de uno mismo cada vez peor»[43].

---

[40] E. Rojas, Adiós, depresión..., 284.
[41] Cf. G. Crea, Agio e disagio..., 64.
[42] Cf. G. Crea, Diagnosi dei conflitti..., 137.
[43] E. Rojas, Adiós, depresión..., 284.

De no atajar este proceso de caída, se arriesga abrir la puerta a problemas psíquicos más graves, creando «presupuestos para reacciones disfuncionales o para *acting out* patológicos»[44].

Comportamientos alternativos

Precisamente porque el individuo ha llegado hasta los confines de su capacidad personal —exigiéndolo todo de él— para gestionar el estrés, y no ha habido cambios sustanciales en la realidad que debe afrontar, no le queda más remedio que adaptarse y reestructurar sus relaciones con los demás de una manera aceptable y defensiva[45]. Así surgen comportamientos anómalos en el agente de pastoral, como «el activismo en sentido único o una afectividad desordenada y ambigua o una actitud de insatisfacción y de crítica hacia el trabajo y hacia la gente»[46].

---

[44] G. Crea, *Agio e disagio...*, 120.
[45] Cf. G. Crea, *Diagnosi dei conflitti...*, 137.
[46] G. Crea, *Agio e disagio...*, 60.

CIRCUNSTANCIAS EN JUEGO

Como se ha dicho antes, el *burnout* tiene causas multifactoriales, de las cuales sólo hemos visto hasta ahora las de ámbito *psicosocial*. Sin embargo, al ser la persona tan compleja, y al estar en constante referencia a sus circunstancias, debemos considerar también las causas *personales* y *relacionales*, que, sin duda, involucran aspectos organizativos del trabajo pastoral.

Las tres grandes secciones de este apartado, por lo tanto, describen circunstancias que favorecen el *burnout* en el agente de pastoral, tanto por rasgos concretos de su personalidad, como por sus relaciones con la comunidad y con el apostolado asignado. Se trata de tres realidades con las que convive diariamente y, así como cada individuo reacciona de modo diferente ante situaciones de estrés, así el agente de pastoral reaccionará según su «propia historia personal, sus propias experiencias y, sobre todo, según el involucramiento emotivo que lo mueve a comportamientos de compromiso total»[47].

Circunstancias personales

La primera circunstancia que favorece el *burnout* en el agente de pastoral es la *personalidad depresiva*[48]. No nos referimos a la persona que tiene depresión y por lo tanto una enfermedad pasajera, sino al individuo con una

> «*forma de ser pesimista, negativa, que tiende a captar más lo malo que lo bueno y que tiene siempre una óptica de la realidad sombría, pobre y centrándose en lo peor*»[49].

A estas personas, la gente de la calle las reconoce por *ser negativas* y las tacha de aguafiestas. Esto, desafortunadamente, las orilla a reducir su vida exterior —con la consecuencia de tener pocas amistades— replegándose en sí mismas.

La *personalidad depresiva*, ciertamente, no nace con el desarrollo reciente de la psicología, ya que existen antecedentes de hace dos mil años en los que Hipócrates describe sus características y la denomina *temperamento melancólico*. Sin embargo, el último siglo ha aportado

---

[47] G. CREA, *Agio e disagio...*, 31.
[48] Cf. E. ROJAS, *Adiós, depresión...*, 213-221. Todas las referencias a la *personalidad depresiva* las he tomado de lo expuesto por este autor.
[49] E. ROJAS, *Adiós, depresión...*, 213.

mucho al conocimiento de la psique humana, y así Kraepelin (1921) dirá que se trata de una *disposición temperamental a la tristeza*; Kretschmer (1925) la reconoció como *pesimismo y melancolía*, mientras Schneider (1950) la describió como un tipo constitutivo de personalidad instalada en la falta de comodidad y en la queja. Más adelante, los psicoanalistas la definieron como una «predisposición a estar abatido, decaído, con baja autoestima, sentimientos de culpa crónicos y tendencia a la autocrítica»[50].

Conviene recalcar que la *personalidad depresiva* no es un momento transitorio de depresión, sino una actitud radicada en el individuo que lo hace *ser así desde casi siempre*. También es importante subrayar que «este tipo de personalidad está constituida por un patrón de conductas y pensamientos que se inician en la edad adulta»[51], y así estas personas revelan una forma de pensar incapaz

> de embarcarse en ninguna empresa, ya que a priori piensan que todo saldrá mal; prefieren la pasividad, el no hacer nada. Su afectividad lánguida y derrotista los lleva a adelantarse en negativo, por lo que suelen abstenerse y participar poco. Ejercen un fuerte autocontrol y han aprendido a quedarse al margen: no dicen nada, expresan lo justo y muestran un escaso interés por lo que sucede a su alrededor. Todo esto se amalgama

---

[50] E. Rojas, *Adiós, depresión...*, 215.
[51] E. Rojas, *Adiós, depresión...*, 216. Aunque no trataré específicamente sobre el tratamiento, menciono que, por las razones apenas expuestas, una educación adecuada desde la juventud puede colaborar bastante al sano desarrollo de la persona, brindándole herramientas formativas que la ayuden a crecer según la visión de Dios.

en su interior dando lugar a una serie de vivencias subjetivas: bajo nivel de autoestima, cierto complejo de inferioridad, inseguridad, fijarse siempre en lo peor y más negativo, [... en donde] son frecuentes los monólogos interiores, generalmente autocríticos[52].

Otra circunstancia importante por considerar se muestra en un estudio realizado entre *profesionales de la relación de ayuda* –concretamente médicos practicantes[53]– en donde se relevó que, cuando hay tendencias en los *cinco grandes de la personalidad* (BFQ), el individuo muestra altos niveles de introversión, antagonismo, inseguridad, inestabilidad emocional (neuroticismo) y cerrazón ante nuevas experiencias, sobre todo durante su primer año de prácticas profesionales. Esto se verificó igualmente en un estudio hecho entre el clero católico, destacando que quienes «tendían a ser introvertidos, y entonces enfatizaban la propia percepción y el propio juicio reflexivo, eran más propensos al *burnout*»[54].

No es de extrañar que el conjunto de estas características –que componen las cinco dimensiones negativas del examen–, además de

---

[52] E. ROJAS, *Adiós, depresión...*, 219.
[53] Cf. CHENG-CHIEH LIN – BLOSSOM YEN-JU LIN – CHIA-DER LIN, «Influence of clerks' personality on their burnout in the clinical workplace: a longitudinal observation», *BMC Medical Education* (2016) 16:30. El período de prácticas profesionales se sitúa en el quinto y sexto año de formación, de un total de siete. Los agentes de pastoral, al ser también una profesión de relación de ayuda, corren un riesgo parecido en el apostolado, bajo circunstancias semejantes, a pesar de tener una formación académica sólida.
[54] G. CREA, *Agio e disagio...*, 91. Para el estudio citado ver: CRAIG C. – DUNCAN B. – FRANCIS L. (2006), «Psychological type preferences of Roman Catholic priests in the United Kingdom», in *Journal of Beliefs and Values* 27 (2006) 2, 157-164.

privilegiar «la sensación sobre la intuición, el sentimiento sobre el pensamiento y el juicio sobre la percepción»[55], contribuyan al agotamiento emocional del practicante, sobre todo cuando la transición de ambientes que experimenta pasa del aprendizaje puramente académico a escenarios clínicos reales, en los que no le es familiar el nuevo contexto y en los que tampoco ha recibido una introducción adecuada para asimilar paulatinamente los cambios que vive.

En el mismo estudio se descubrió que quienes sufren menos durante el primer año, por otro lado, son los que tienden a ser extrovertidos, responsables, amables, emotivamente estables y que están abiertos a nuevas experiencias. Ahora bien, a pesar de que durante el primer año es más frecuente el agotamiento emocional que durante el segundo, las únicas características que permanecen y reducen la posibilidad de *burnout* en el tiempo —sobre todo durante el segundo año— son la *estabilidad emocional* y la *apertura a nuevas experiencias*, por lo que alguien con tendencias al neuroticismo y a la cerrazón tiene alta probabilidad de caer fácilmente después del primer año de prácticas profesionales. Esto se comprobó también en otro estudio, ahora entre clero diocesano, y se vio que

> *un alto nivel de inestabilidad emotiva y un bajo nivel de sociabilidad son precursores de condiciones de burnout. Pero son sobre todo los sujetos que reportan puntajes altos en la*

---

[55] G. Crea, *Agio e disagio...*, 91.

escala de neuroticismo, esto es quienes son ansiosos, vulnerables, impulsivos o irritables, que están más en riesgo de agotamiento[56].

Tres circunstancias personales que suelen pasar desapercibidas, pero que tienen un impacto real, son: la edad de la persona, el sexo y la condición social. En el estudio citado, se evidencia que ser varón, joven y vivir solo favorecen positivamente el *burnout*. De hecho, «son los más jóvenes los que se cansan, más que los que tienen una mayor experiencia de servicio a los demás»[57]. Esto porque, apenas terminada su formación básica, los agentes de pastoral se vuelven sumamente disponibles para ganar experiencia en el trabajo apostólico, pero es precisamente su poca experiencia la que no les ha dado la oportunidad de confrontarse con ellos mismos, para así equilibrar el modo de afrontar las dificultades pastorales[58]. Paradójicamente, la edad que entonces adquiere relevancia no es tanto la cronológica cuanto la pastoral, porque

quien tiene menos experiencias de vida y conoce menos los efectos del supertrabajo está más expuesto al riesgo del agotamiento, a diferencia de quien ha trabajado por más tiempo con la gente, es más consciente de las dificultades, y

---

[56] G. Crea, *Agio e disagio...*, 92. Para el estudio citado ver: Francis L.J. – Louden S. – Rutledge C.J.F. (2004), «Burnout among Roman Catholic parochial clergy in England and Wales: myth or reality?», in *Review of Religious Research* 46 (2004), 5-19.
[57] G. Crea, *Agio e disagio...*, 57.
[58] Cf. G. Crea, *Agio e disagio...*, 89.

tiene un mayor bagaje de estabilidad interior del que puede tomar para hacer frente a las condiciones de agotamiento emocional[59].

Otra circunstancia de relieve se relaciona con la satisfacción en el ministerio. El *burnout* no sólo es consecuencia del agotamiento emocional –que implica cansancio y pérdida de entusiasmo– sino también de *baja satisfacción* en el apostolado. Esto explica por qué encontramos agentes de pastoral que, a pesar de experimentar agotamiento emocional, sienten satisfacción en su trabajo apostólico y van adelante[60]. No cabe duda de que al origen del estrés no se encuentra sólo la cantidad de trabajo, sino «la actitud con la que se acerca al trabajo. Si es una actitud de confusión, ansia, derrota o rencor, el trabajo inevitablemente se convertirá en fuente de grave estrés»[61]. Para iluminar esto quizás nos sirva tomar el caso

> de un sacerdote que trabaja en la pastoral: puede vivir su trabajo como estresante no sólo porque se cansa físicamente, sino también porque evalúa como estresantes las situaciones pastorales que vive. Si por ejemplo trabaja en un contexto social reprobable, puede sentirse particularmente tenso por el peligro que corre cada vez que debe hablar de justicia social y defender los derechos de los pobres. No obstante, aunque sea una

---

[59] G. Crea, *Agio e disagio...*, 89.
[60] Cf. Laura K. Barnard – John F. Curry, «The Relationship of Clergy Burnout to Self-Compassion and Other Personality Dimensions», *Pastoral Psychol* (2012) 61:150-151.
[61] G. Crea, *Agio e disagio...*, 104.

condición desgastante, podría integrar su miedo con las motivaciones vocacionales que lo empujan a dar testimonio de la propia fe. Pero si percibe negativamente tal condición de evangelización (porque incide poco sobre el tejido social, porque no cambia nada, porque su obispo no está de acuerdo, porque la gente no lo entiende, porque en el fondo no era eso lo que quería hacer como sacerdote, etc.), podría ver ese trabajo como condición altamente estresante y reaccionar en modo disfuncional sea en su organismo como en las actividades que desempeña en el exterior[62].

No cabe duda de que el «estrés es uno de los factores más grandes en la persona que deja el ministerio del orden»[63], sobre todo cuando se acompaña de dificultad para dormir, pérdidas de peso y apetito, dolores de cabeza, patologías gastrointestinales, cansancio crónico y aburrimiento.

A este propósito, la *autocompasión* −también considerada como una dimensión de la personalidad− puede revelarse significativa en el agente de pastoral, ya que, si bien es asociada negativamente con la depresión, la autocrítica, la consideración pausada, la supresión del pensamiento y la ansiedad, lo es positivamente con el bienestar general de la persona. Por esta razón,

---

[62] G. CREA, *Agio e disagio...*, 41-42.
[63] ALAN G. PALMER, «Clergy Stress, Causes and Suggested Coping Strategies», *Churchman* 112-2 (1998), 164.

> *«el clero que tiene mayores niveles de autocompasión experimenta mayores niveles de satisfacción en el ministerio y menores niveles de agotamiento emocional»*[64].

Los tres componentes de la *autocompasión*, descritos en los estudios de la psicóloga Kristin Neff, son:

> Primero, requiere ofrecer gentileza, paciencia y comprensión hacia uno mismo durante tiempos de derrota o decepción. Segundo, individuos con altos niveles de autocompasión reconocen que otros pasan a través de experiencias similares y se sienten conectados en vez de aislados durante tiempos de dolor. Tercero, individuos con altos niveles de autocompasión no ignoran ni rumian sobre sus faltas[65].

La *inmadurez afectiva* juega un rol importante en las circunstancias relativas al *burnout*. No son los afectos en sí los que propician la caída, sino desconocer cómo gestionarlos, sobre todo en el plano relacional. Al no establecer límites claros con los demás, el individuo arriesga construir relaciones interpersonales confusas, que fácilmente pueden degenerar en patologías afectivas y así terminar por agotarlo

---

[64] Laura K. Barnard – John F. Curry, «The Relationship of Clergy Burnout to Self-Compassion and Other Personality Dimensions», *Pastoral Psychol* (2012) 61:159.
[65] Laura K. Barnard – John F. Curry, «The Relationship of Clergy Burnout to Self-Compassion and Other Personality Dimensions», *Pastoral Psychol* (2012) 61:152. Para el estudio citado ver: Kristin Neff, «Development and validation of a scale to measure self-compassion», *Self and Identity* 2 (2003), 223-250.

emotivamente⁶⁶. Esto es frecuente entre los agentes de pastoral que –formando parte de una comunidad religiosa– no logran satisfacer sus necesidades afectivas dentro y entonces buscan hacerlo fuera, casi siempre en actividades pastorales. De este modo, «les parece poner entre paréntesis el hecho de que en el convento están mal; que no se sienten aceptados; que tienen enojos y resentimientos hacia los hermanos»⁶⁷. Como ejemplo, nos sirva el caso del joven de diecisiete años que comienza

> a hablar con un sacerdote de los problemas que tiene con su familia. Durante sus encuentros, le dice al sacerdote que es homosexual y que se siente abandonado y aislado. El sacerdote se siente muy cercano al joven y se identifica con su situación, él también advierte que ha sido hecho a un lado, que no ha sido comprendido y que está aislado. Dentro de sí advierte que el joven es un amigo, no alguno que está buscando consejo. El sacerdote comienza a revelarle que también él ha tenido dificultades y sentimientos semejantes. Sea el sacerdote como el joven, se sostienen recíprocamente el uno al otro. Comienzan también a frecuentarse pasando el tiempo juntos. Cuando se saludan han adquirido la costumbre de abrazarse. Con el tiempo, sus abrazos se hacen más largos, pero el sacerdote los experimenta como un signo de amor fraterno. Queda alelado

---

⁶⁶ Cf. G. CREA, *Agio e disagio…*, 109.
⁶⁷ G. CREA, *Agio e disagio…*, 115.

cuando el joven más tarde dice que se sintió confundido y sexualmente molestado[68].

Este evento concreto, en la circunstancia particular de inmadurez afectiva del agente de pastoral, favorece la caída porque la relación interpersonal se ha convertido en fuente de estrés. Es entonces cuando el individuo comienza a «refugiarse en comportamientos típicos del burnout, de retiro emotivo, cinismo, negativismo, insatisfacción continua, dependencia afectiva, depresión; todas "soluciones" defensivas [...] para justificar y normalizar»[69] la angustia de tales experiencias emotivas, que sólo refuerzan la sensación de vaciedad interior.

Circunstancias comunitarias

La comunidad es el espacio en donde la persona puede crecer y desarrollarse plenamente. Si esto es cierto para la sociedad, lo es más para quien está consagrado a Dios y llamado a vivir junto a otros en una misma casa. De aquí que las circunstancias comunitarias no sean secundarias en la conformación del individuo, pues pueden llegar a tener una influencia determinante en su vida y en sus decisiones.

Las relaciones interpersonales o la vida fraterna —más que cualquier otro factor comunitario— serán de suma importancia para el

---

[68] G. Crea, *Agio e disagio...*, 110.
[69] G. Crea, *Agio e disagio...*, 110.

bienestar general del agente de pastoral. No obstante, como en cualquier grupo humano,

> *existen relaciones conflictivas que pueden ser desgastantes hasta el agotamiento, sobre todo porque la convivencia en un ambiente cerrado es inevitable. Quizás fue esto lo que observó Voltaire cuando escribió que los conventos son «lugares en donde se juntan sin elegirse, en donde viven juntos sin amarse, y en donde mueren sin disgustarse»* [70].

Cualquiera que sea el caso, lo cierto es que cuando falta

> un clima favorable de grupo, de recíproco sostén y de colaboración, aumenta el riesgo de estrés y de *burnout*. De hecho, la ausencia de relaciones positivas en el grupo de trabajo agrega una ulterior carga emotiva al ya intenso involucramiento socio-emotivo con las personas a las que se ayuda, en cuanto alimenta el sentido de desconfianza e inseguridad recíproca[71].

De este modo, sale a flote cómo las relaciones positivas en el grupo –o en la comunidad– son necesarias para madurar afectivamente, aunque también sea oportuno mantener una prudente y sana

---

[70] Cf. G. Crea, *Diagnosi dei conflitti...*, 59.
[71] G. Crea, *Agio e disagio...*, 69.

distancia emotiva, para no caer en un involucramiento emocional elevado que sólo empeoraría las relaciones. A este propósito, es bien sabido que «la característica dominante de quien está comprometido en una *helping profession* es la de ser una persona *emotionally demanding*»[72], por lo que todo agente de pastoral que tenga dificultad para definir los límites en sus relaciones con los demás, corre el riesgo de confundir involucramiento personal (afectivo) e involucramiento profesional, tendiendo a involucrarse en el trabajo y en las relaciones sin una lectura adecuada de la realidad[73].

Las relaciones conflictivas dan pie a la distancia interpersonal, y es cuando se aprecia en el individuo «un choque con el resto de las personas, tanto con los del mismo trabajo como con las personas a las que sirve, con roces continuos, silencios, [y] tensiones»[74] que exacerban el sentido de soledad, con la consecuencia lógica del aislamiento y la pérdida del sentido comunitario. Los agentes de pastoral que han experimentado esto, se dan cuenta de ser islas junto a otras islas –como en un archipiélago– pero, a fin de cuentas, islas solitarias. Esta soledad, sin embargo,

> no está caracterizada tanto por la falta de relaciones, sino por relaciones que son cualitativa y afectivamente pobres, que no alimentan la confianza recíproca y no permiten sentirse sostenidas y alentadas en el trabajo pastoral. Quienes se sienten

---

[72] G. CREA, *Agio e disagio...*, 47.
[73] Cf. G. CREA, *Agio e disagio...*, 90.
[74] E. ROJAS, *Adiós, depresión...*, 286.

más solos no son aquellos que viven con otros sacerdotes, sino aquellos que, no obstante los esfuerzos institucionales para crear un espíritu de comunión, advierten el peso de relaciones poco gratificantes. Esto quiere decir que el sentido desgastante de su soledad «no debe buscarse en la posibilidad de vivir con otras personas, sino en otro nivel: en la pertenencia o no a un cuerpo eclesial y presbiteral que vive y trabaja con los mismos objetivos, ideales y valores»[75].

El aislamiento y el sentido de soledad que experimenta el agente de pastoral puede también –paradójicamente– ser fruto del excesivo trabajo apostólico que lo sustrae de sus exigencias comunitarias, limitándolo, además, en sus relaciones con los demás miembros de la comunidad. Con el pasar del tiempo, su presencia se percibe casi como una intrusión en las actividades fraternas, y así encuentra dificultad para integrarse cuando está presente, porque sus ausencias han sido prolongadas. En consecuencia –y para defenderse de la impresión de ser rechazado– buscará comprometerse «más en el servicio exclusivo e idealizado a la gente, a los pobres, a los marginados, [...] alimentando interiormente situaciones de incomprensión y de tensión comunitaria»[76]. No tardará mucho en sentirse poco reconocido y estimado por los miembros de su comunidad, por lo que vivirá «las relaciones comunitarias con un

---

[75] G. Crea, *Agio e disagio...*, 94-95.
[76] G. Crea, *Diagnosi dei conflitti...*, 159.

sentido de desilusión y de indiferencia, hasta el progresivo vaciamiento del ideal de fraternidad y de entrega»[77].

Para subsanar esto, será necesaria una comunicación auténtica entre los miembros de la comunidad, que supere la barrera del individualismo como sistema de defensa ante «una comunicación percibida como demasiado invasiva porque genera incomprensiones entre las personas»[78].

Se trata de lograr lo que Schopenhauer ilustró con dos puercoespines que, llenos de frío en un día de invierno, se acercaron el uno al otro para calentarse, pero se picaron. Entonces se separaron y volvieron a sentir frío. Después de varias pruebas, entre acierto y error, encontraron la distancia justa para darse calor sin lastimarse[79].

Es patente que las circunstancias personales y comunitarias no son prescindibles entre sí, pues, tanto la una como la otra, tienen incidencia real en las experiencias de la persona. Sin embargo, como hemos constatado al final de este apartado, el trabajo pastoral juega un rol importante porque está íntimamente relacionado con la vocación. De hecho, es Dios quien nos llama, quien nos conduce por la vía del discipulado y quien nos envía como apóstoles a predicar la

---

[77] G. CREA, *Diagnosi dei conflitti...*, 159.
[78] G. CREA, *Diagnosi dei conflitti...*, 153.
[79] Cf. G. CREA, *Diagnosi dei conflitti...*, 79.

Buena Nueva. El trabajo pastoral y la evangelización son fruto y consecuencia de la llamada que se realiza en la persona, siempre y cuando responda afirmativamente a Dios.

Circunstancias apostólicas

El trabajo apostólico, a pesar de tener motivaciones y causas sobrenaturales, es, a fin de cuentas, una realidad laboral. Esto hace que los síntomas de *burnout* –normalmente padecidos por profesionales de la relación de ayuda– se puedan dar también en quienes llevan adelante un apostolado. Para dilucidar mejor las circunstancias que colaboran a la caída en un agente de pastoral, quizás convenga remitirnos al testimonio de un médico de cuarenta y cinco años, que trabaja en un equipo con catorce personas, en donde

> el ambiente es malo, con pequeños disgustos y puntos de vista distintos, que en un principio parecían fáciles de superar, pero han ido a más y se ha creado un clima tenso, distante, de irritabilidad de fondo, de tal manera que el posible cambio de una guardia o pedirle un favor a un compañero se ha convertido en algo muy difícil. [...] El jefe del servicio es una persona de carácter fuerte, con pocas maneras, muy directo, nada diplomático, con poca capacidad para motivar al resto de las personas que trabajan allí. Hace ya tres años que la cena de Navidad no se celebra, pues más de la mitad de la gente que allí trabaja no va: cada uno pone una excusa, pero lo cierto es que

las tensiones han ido creciendo y las diferencias de criterio también. [...] El número de enfermos que debo ver cada día es excesivo, así como los informes que debo hacer, las revisiones, preparar los casos de cirugía, asistir a dos sesiones clínicas (a veces, tres) a la semana. Nadie te estimula ni te anima, pues nuestro servicio no tiene una cabeza visible. Nuestro jefe no funciona, se ha adocenado, sólo grita y se pone de mal humor cuando algo no sale o recibe una carta o una llamada del gerente del hospital por alguna queja. Hemos tenido en los últimos dos años seis denuncias médicas por distintos temas, una de las cuales me ha tocado a mí de lleno y estoy implicado en un juicio... [...]. Yo he sido médico por vocación. Era mi ilusión desde que estudiaba en el colegio. [...] Siempre he sido responsable, incluso perfeccionista con mi trabajo: muy ordenado, llevando mis carpetas sobre temas diversos; hice muchos cursos de ampliación de estudios y de conocimientos diversos en materias relacionadas con mi especialidad. Desde que entré en el servicio me di cuenta de que las relaciones humanas eran fundamentales y traté de hacer amistad con todos, pero vi que el entorno estaba bastante tirante y que el origen era una plaza de jefe de servicio que había salido y dos personas de nuestro departamento aspiraban a ella. La sacó el que tenía menos currículo y estaba peor dotado. Ahí empezaron los males. Ellos siguen trabajando aquí, pero la comunicación es mínima. [...] En el trabajo somos máquinas. Yo me llevo bien con médicos de otros servicios y especialidades, pero no hablo con casi nadie del nuestro. Hay mucha desconfianza y cualquier comentario que haces puede llegar distorsionado al jefe, con lo que se crean una serie de descalificaciones recíprocas que hacen irrespirable la atmósfera psicológica. Lo de mi denuncia lleva ya dos años. Ha habido un primer juicio y lo he pasado muy mal: insomnio (yo que he tenido a gala dormir siempre de maravilla), ansiedad, malestar psicológico, irritabilidad. [...] Desde hace aproximadamente medio año el domingo por la tarde me pongo fatal pensando en la vuelta al hospital. Estoy planteándome, de cara al futuro, abrir una consulta privada, esperar un tiempo a ver cómo funciona y, si va bien, dejar el hospital. Allí no tengo vínculos afectivos, me siento mal nada más llegar por la mañana; todos los médicos nos quejamos, todos estamos contra el sistema, unos y otros se descalifican... Un amigo mío dice que nos hemos convertido en funcionarios y que eso es lo peor para un estamento médico[80].

Sin duda, la serie de elementos descritos en este testimonio no contrasta demasiado con experiencias reales en el trabajo apostólico: ambientes tensos, superiores difíciles, cargas excesivas, poca motivación, denuncias, desilusiones, envidias, falta de comunicación, despersonalización, desconfianza y sospecha, malestar psicosomático... abandono.

En la vida pastoral, las condiciones laborales empeoran cuando la institución «empuja al trabajador a hacer más sin tener en cuenta

---

[80] E. ROJAS, *Adiós, depresión...*, 277-280.

sus competencias, o a hacer mejor, pero con menos recursos, o a darse quehacer optimizando los medios que tiene a disposición, aunque sean inadecuados»[81]. El riesgo de incrementar excesivamente el trabajo del agente de pastoral, exigiendo siempre lo mejor –con o sin las competencias necesarias– al punto de «no saber más en qué oficina debo ir a sentarme [...]. Heme aquí párroco, director de la Cáritas diocesana, ecónomo del seminario, presidente de la escuela católica. Y desde hoy... también capellán de la Universidad»[82], puede crear serios conflictos de rol que sólo favorecerán la caída. El motivo es porque

cuando las personas están confundidas respecto al rol que deben tener o se sienten inadecuadas por la poca preparación o por los recursos insuficientes a disposición, se sobrecargan todavía más de trabajo y son menos capaces de poner límites a las situaciones que viven[83].

Esto se ha corroborado en un estudio realizado entre practicantes de medicina, precisamente durante el tiempo en el que experimentan la transición de ser estudiantes a ser doctores con responsabilidad social. El cambio de rol es sustancial, y las altas exigencias en el trabajo –especialmente cuando se sobrecarga– guardan una estrecha relación a molestias somáticas entre

---

[81] G. CREA, *Agio e disagio...*, 65-66.
[82] G. CREA, *Agio e disagio...*, 93.
[83] G. CREA, *Agio e disagio...*, 66.

quienes son residentes, e incluso a intenciones de abandonar las prácticas clínicas entre los médicos jóvenes[84]. Por lo demás, es interesante notar que la percepción de *burnout* es más elevada entre quienes cursan el primer año de clínica que el segundo, ya que las exigencias psicológicas son más demandantes cuando la realidad de trabajo es nueva, aunque las exigencias físicas se mantengan similares en ambos casos. No obstante, durante el primer año, la percepción de exigencias físicas del *burnout* disminuye entre quienes se acercan a las prácticas con una motivación orientada al cumplimiento del «encargo»[85]. Tales resultados sugieren desarrollar estrategias preventivas desde la etapa formativa de estudios, que incluyan cursos específicos de habilidades, dirección de actitudes personales y apoyo social interpersonal, para así disminuir las circunstancias que favorecen el estrés laboral.

Además del trabajo apostólico como tal, las relaciones recíprocas del agente de pastoral –que se construyen sobre la base de relaciones afectivas– con las personas, le exigen tener una

---

[84] Cf. CHIA-DER LIN – BLOSSOM YEN-JU LIN, «Training demands on clerk burnout: determining whether achievement goal motivation orientations matter», *BMC Medical Education* (2016) 16:214.

[85] Sobre esto, el estudio citado distingue dos modos de acercarse a las prácticas profesionales: el primero se basa en el «encargo», e implica que los practicantes se interesan por incrementar sus conocimientos, habilidades y competencias; esto es, que principalmente se enfocan en el valor intrínseco del aprendizaje, por lo que los logros están fuertemente relacionados a los esfuerzos, por lo que buscan informarse de las exigencias del encargo para lograr un buen dominio del mismo. El segundo, en cambio, se basa en el «ego» y en las habilidades del practicante, de modo que los logros están fuertemente relacionados a las habilidades personales; esto es, las metas que establecen son construidas desde la perspectiva de que sus habilidades son superiores a las de los otros.

capacidad para adaptarse constantemente, que sepa responder a las exigencias de cada situación y momento. De lo contrario, podría «encontrarse en una particular condición de estrés en la que ve sus recursos agotados, hasta reventar, hasta no poder más»[86]. Se trata aquí, pues, de aprender a gestionar no sólo una posible sobrecarga de atención personal, sino también de saber manejar mayores exigencias cuantitativas[87] y cualitativas[88] en el apostolado, bajo riesgo de caer en *burnout*. De aquí se desprende la necesidad de mantener una adecuada formación continua, que ayude a «integrar sea la dimensión humana que la espiritual, equilibrando el involucramiento en los diversos ámbitos de trabajo»[89], y «que responda de modo adecuado a la grandeza del don de Dios y a la gravedad de las expectativas y exigencias de nuestro tiempo»[90].

Por otro lado, los cambios frecuentes de comunidad y las rotaciones constantes en el trabajo pastoral exacerban la posibilidad de *burnout*. Esto porque –aunque las motivaciones de fondo sean apostólicas– el impacto lo resiente no sólo el individuo, que puede experimentar desconfianza al no haber

---

[86] G. Crea, *Agio e disagio...*, 43.
[87] Es evidente que una sobrecarga cuantitativa se refiere a más trabajo del que materialmente se puede realizar, y esto es bastante ordinario en agentes de pastoral que disponen de las capacidades para desarrollar la tarea, pero no tienen el tiempo para hacerlo.
[88] Implica que el trabajo requiere capacidades y conocimientos que exceden a los del trabajador, por lo que, a pesar de concederles tiempo suficiente, no tienen la capacidad para sacar adelante el encargo de modo aceptable.
[89] G. Crea, *Agio e disagio...*, 67.
[90] *Pastores dabo vobis*, 78.

cumplido adecuadamente lo encomendado, sino también «el grupo entero de hermanos que debe adaptarse a la separación y al orden de nuevas reglas interpersonales»[91]. Es natural que el agente de pastoral, encontrándose en una situación así, reduzca el deseo «de invertir ulteriormente en las relaciones con los demás, limitando su dedicación para no correr el riesgo de sentirse de nuevo desilusionado por otras separaciones»[92]. El sufrimiento de tener que dejar a la propia gente es real, pero si la persona «no elabora esta separación, vivirá con la nostalgia de las cosas que no ha podido llevar a término»[93]. Ante una experiencia como la descrita, las reacciones siempre serán variadas, y así

hay quien se muestra indiferente, porque es incapaz de entrar en contacto con sus propios sentimientos y expresarlos, y quien, más bien, manifiesta una exagerada hostilidad hacia todo y todos. A un lado del religioso que desaparece de la noche a la mañana, se encuentra aquel que no se decide jamás a dejarlo[94].

La posibilidad de denuncia —que en sí es algo positivo— es, en fin, un factor que ha tomado gran fuerza en las últimas décadas, y, sin duda, forma parte de las circunstancias que cooperan al estrés en

---

[91] G. CREA, *Diagnosi dei conflitti...*, 148-149.
[92] G. CREA, *Diagnosi dei conflitti...*, 149.
[93] G. CREA, *Agio e disagio...*, 98.
[94] G. CREA, *Agio e disagio...*, 98.

el trabajo. Si en el ámbito médico «se presentan continuas denuncias a los médicos, unas justificadas y otras, como consecuencia de un descontento de los enfermos, que no sabiendo contra quién ir, atacan al médico»[95], lo es igual en el ámbito de pastoral, sobre todo en lo que se refiere a la protección de menores[96].

---

[95] E. ROJAS, *Adiós, depresión...*, 290.
[96] No es la finalidad de este trabajo entrar al tema en cuestión, pero se puede consultar el sitio web de la Pontificia Comisión para la Protección de Menores (www.protectionofminors.va) para más información.

TIPOS DE *BURNOUT*

La psicología moderna individua diferentes tipos de *burnout*, sin embargo, sólo ahondaremos en dos que guardan una mayor relación a eventos que forman parte de la experiencia común entre los agentes de pastoral[97].

Enfermedad de Tomás

Su principal síntoma es la crisis de identidad profesional, esto es, lleva al individuo a preguntarse: «¿Quién soy yo, cuál es mi verdadero trabajo, contra qué lucho yo, cuál va a ser mi futuro en estas circunstancias?»[98]. En el caso de los médicos se manifiesta también con una «indiferencia crónica ante la dolencia, la asistencia y la investigación»[99], porque tanto el nivel socioeconómico como «la gratificación personal por ese tipo de trabajo conducen a una vivencia

---

[97] Además de los aquí tratados, Enrique Rojas desarrolla la depresión, la indefensión aprendida y la ansiedad.
[98] E. ROJAS, *Adiós, depresión...*, 287.
[99] E. ROJAS, *Adiós, depresión...*, 286.

personal cada vez más devaluada»[100]. Como hemos visto, el *burnout* no sólo es consecuencia de rasgos particulares en la personalidad, sino también de circunstancias externas que favorecen o no la caída. Así, en el caso de los agentes de pastoral, sucede algo análogo cuando no hay preparación específica, cuando se percibe la difundida secularización de la sociedad y la poca sensibilidad espiritual de los jóvenes, cuando se aprecian las Iglesias vacías y crece la distancia de las figuras de autoridad... Son todos estos algunos motivos que, eventualmente, pueden terminar por «aridecer el entusiasmo, reducir el involucramiento creativo, hasta transformar el estilo pastoral en un activismo estéril y fastidioso, privado de su alma espiritual»[101]. A diferencia de otros profesionales de la relación de ayuda, que dedican parte de su vida al trabajo profesional, los agentes de pastoral se comprometen totalmente al servicio del prójimo, de modo que

«si la dedicación a los demás se vacía de su significado existencial y motivacional, se desestabiliza no sólo el componente psico-fisiológico, sino la misma identidad vocacional»[102], *y «las dificultades psíquicas que emergen indican un malestar que incide en la condición carismática y espiritual del ser sacerdote»*[103].

---

[100] E. ROJAS, *Adiós, depresión...*, 286.
[101] G. CREA, *Agio e disagio...*, 68.
[102] G. CREA, *Agio e disagio...*, 101.
[103] G. CREA, *Agio e disagio...*, 105.

Por esta razón se puede verificar un fuerte deseo de abandonar el puesto de trabajo... es entonces cuando se comienza a notar que «las situaciones concretas son afrontadas más en clave del "hacer" que en clave del "ser". En otros términos, el religioso está olvidando que él "es"»[104]. ¿No será que pueda existir una identificación entre el *puesto de trabajo* y la *identidad vocacional* del consagrado y que, por lo tanto, un problema apostólico no resuelto repercuta en serias crisis de identidad vocacional? Aunque hablemos de la persona como *un todo*, esto de hecho sucede en dos planos distintos: uno es el de *ser* consagrado, y otro el de cumplir con las *funciones propias* de un consagrado de tal o cual instituto. Parte del tratamiento –en el que no ahondo ahora– consiste precisamente en saber distinguir bien estos dos niveles, y en asegurarse de que la persona sigue adelante en el instituto, no sólo con la conciencia de *ayudar* y de cumplir *funciones* propias de un consagrado, sino de *ser* consagrado por vocación.

Crisis existenciales

Suelen darse hacia la mitad de la vida, en donde el individuo mismo revisa lo que ha hecho y hace un balance existencial tanto de lo negativo como de lo positivo, pero dándole más cabida e importancia a lo primero: incluso la mejor de las vidas –piensa el individuo– está

---

[104] G. Crea, *Agio e disagio...*, 68-69.

llena de sinsabores, de dificultades, de fracasos, de cosas que se han quedado a mitad de camino y que no han salido.

En el burnout uno se ha ido quemando y cada vez cree menos en el sistema, en el entorno, en uno mismo... y esto provoca una mezcla de escepticismo, indiferencia hacia lo que uno hace y un malestar profesional muy acusado, que va conduciendo a preferir no ir al trabajo y no entregarse en ese ambiente laboral[105].

---

[105] E. ROJAS, *Adiós, depresión...*, 287.

CONCLUSIÓN

Si quisiéramos elaborar una situación perfecta para favorecer el *burnout* y verlo así encarnado en alguien concreto, tendríamos que pensar en una persona emotiva y joven, a veces algo impulsiva e irritable aunque *suave con los demás y dura consigo misma* —como lo han sido muchos santos—, a quien le asignan el ministerio pastoral en un ambiente sujeto a cambios constantes y en el que probablemente las relaciones comunitarias —en donde han hecho cambios de personal recientes por posibles denuncias— requieran un esfuerzo particular en la caridad. No es precisamente el trabajo apostólico que personalmente hubiera preferido —de hecho, ni se lo imaginaba— pero se entusiasma por todo lo bueno que le refieren los demás. Antes de partir para su misión, la ilusión aumenta cuando se entera de que *son pocos los que lo han logrado* en ese lugar, porque se requieren de personas con gran capacidad para el trabajo y con cualidades superiores a la media. Al fin —piensa para sí— me dan un trabajo *como Dios manda*.

Ciertamente, después de haber leído el presente trabajo, es fácil individuar aspectos que tarde o temprano *quemarán* a la persona. El primer objetivo de esta tesina se cumple si al menos hace posible leer e identificar situaciones análogas en la vida de los agentes de pastoral, que, de no tratarse adecuadamente, infligirán heridas profundas y duraderas. El segundo objetivo es más bien preventivo y con miras a la perseverancia en la vocación. Sabemos que

> *«la disponibilidad a toda costa no exime al sacerdote del riesgo de ver agotadas sus fuerzas psico-físicas, hasta estresarse o a sentirse vaciado interiormente»*[106]

porque es entonces cuando la vulnerabilidad de la esfera psicológica del religioso –que algunos estudiosos han diagnosticado como *inconsistencia personal*– puede vincularlo a

> necesidades personales como a mociones más fuertes e incidentes que los valores elegidos y profesados en la consagración religiosa, frenando y bloqueando así los deseos más profundos de verdad y de bien en el camino de conversión y de perseverancia, hasta empujarlo a desistir de los compromisos de vida ya asumidos[107].

---

[106] G. CREA, *Agio e disagio...*, 8.
[107] ALCEO GRAZIOLI, *Fragili e perseveranti*, EDB, Bologna, 2015, 472. Las traducciones de esta obra son mías.

El desenlace evidente de problemáticas afines, con frecuencia, es el abandono de la vocación. Sin embargo, la cuestión de fondo es más compleja porque la esfera psicológica por sí misma no comprende el cuadro completo del agente de pastoral, por lo que habría que considerar también la dimensión espiritual de la persona. De hecho, un tema que deja abierto este trabajo es la relación entre la psique y el espíritu. La acedia[108] –un vicio capital– parece tener síntomas muy semejantes a los descritos en el *burnout*, y se requerirá de un director espiritual competente, capaz de discernir e individuar las causas de la enfermedad espiritual (acedia) o psicológica (*burnout*), para darle un tratamiento adecuado al agente de pastoral en cuestión. Casos como los de

---

[108] JEAN CLAUDE LARCHET, *Terapéutica de las enfermedades espirituales*, Ediciones Sígueme, Salamanca, 2014, 187-188: «Es cierto que la acedia se corresponde con un cierto estado de pereza y con un estado de aburrimiento, pero también de *disgusto*, de aversión, de lasitud; e igualmente *de abatimiento, de desánimo*, de languidez, de sopor, de indolencia, de adormecimiento, de somnolencia, de *pesadez, tanto del cuerpo como del alma*. La acedia puede empujar al hombre a dormirse sin estar realmente cansado. En la acedia se da una *insatisfacción vaga y general*. El hombre, cuando está dominado por esta pasión, ya *no siente gusto por nada, lo encuentra todo soso e insípido, no espera ya nada de nada*. La acedia vuelve entonces al hombre inestable en su alma y en su cuerpo. Sus facultades se vuelven inconstantes; *su mente, incapaz de fijarse, va de un objeto a otro*. Sobre todo cuando está solo, no soporta permanecer en el lugar donde se encuentra: la pasión le empuja a salir de él, a desplazarse, a ir a otro sitio. A veces se pone a errar y vagabundear. De una manera general, busca contactos con los demás a cualquier precio. Estos contactos no son objetivamente indispensables pero, movido por la pasión, siente que los necesita y halla "buenos" pretextos para justificarlos. De este modo entabla y mantiene unas relaciones a menudo fútiles, que alimenta con vanos discursos en los que generalmente manifiesta una vana curiosidad. Puede ocurrir que la acedia inspire a quien la experimenta una *aversión intensa y permanente por el lugar en el que reside*, le proporcione motivos para estar descontento y le lleve a creer que estaría mejor en otra parte. "Entonces se ve llevado a desear otros sitios en los que pueda hallar más fácilmente aquello que necesita". La acedia puede también conducirle a *huir de sus actividades, especialmente de su trabajo, del que le hace estar insatisfecho*, y entonces lo empuja a buscar otros, haciéndole creer que serán más interesantes y le harán más feliz... Todos estos estados vinculados a la acedia van acompañados *de inquietud o ansiedad* que es, además del disgusto, un carácter fundamental de esta pasión». Las cursivas son mías.

un sacerdote obligado a dejar el ministerio por graves escándalos morales; un religioso que abandona la consagración después de haberse enamorado; una monja de claustro que sale del monasterio aun deseando perseverar en el camino de la consagración; un sacerdote que sale por una clara psicosis paranoide; un fray que deja la propia congregación después de cerca de veinte años de consagración, atormentado por la duda de la autenticidad misma de su vocación; una joven de profesión solemne que abandona el ambiente fraterno, percibido como demasiado frío y cínico, y con ello la consagración; un sacerdote inducido a dejar [todo] por un agotamiento de *burnout*[109].

Nos dejan perplejos y nos confirman que un trabajo pastoral sin una permanente docilidad al Espíritu de Cristo consume al presbítero en sus motivaciones vocacionales y lo lleva a agotar sus propios recursos, con un disgusto que no es sólo fruto de cansancio o de sobrecarga laboral, sino que, con el tiempo, arriesga convertirse en una especie de «enfermedad espiritual», que desgasta su celo y el sentido mismo de su ministerio[110].

Por último, el capítulo sobre el tratamiento y la curación espiritual de ambas realidades queda en el tintero... Sin embargo, hay que tener presente que

---

[109] A. GRAZIOLI, *Fragili e...*, 473.
[110] G. CREA, *Agio e disagio...*, 12.

«los efectos de la acción de la gracia combinados con un sano tratamiento psicológico son muy eficaces para lograr la curación. [...] Sea a través de la terapia o de la espiritualidad, es siempre Cristo quien sana» [111].

---

[111] GLADYS SWEENEY, «Qué puede (y debe) hacer la psicología por un católico que necesita su ayuda», en https://es.zenit.org/articles/que-puede-y-debe-hacer-la-psicologia-por-un-catolico-que-necesita-su-ayuda/ [13-01-2017].

ANEXOS

Como se relevó en el apartado de las *circunstancias personales*, ciertas tendencias al *neuroticismo* y/o una baja graduación en la *autocompasión*, son factores que muestran con mayor certeza predisposiciones al *burnout*. El siguiente examen puede ayudar al autoconocimiento de la persona, para eventuales recursos a una formación específica capaz de ayudarla en su desarrollo humano.

Escala de autocompasión[112]

Lea atentamente cada afirmación antes de responder. A la izquierda de cada ítem, indique cuán a menudo usted se comporta de la manera descrita en esa afirmación, utilizando la siguiente escala:

Casi nunca				Casi siempre
1	2	3	4	5

---

[112] K. NEFF, «Development and validation of a scale to measure self-compassion», *Self and Identity* 2 (2003), 223-250.

1. Desapruebo y juzgo mis propias imperfecciones y debilidades.
2. Cuando me siento decaído tiendo a obsesionarme y quedarme fijado en todo lo que está mal.
3. Cuando las cosas van mal para mí, veo las dificultades como parte de la experiencia humana que a todos les toca vivir.
4. Cuando pienso en mis errores, me tiendo a sentir más separado y aislado del resto del mundo.
5. Intento ser amable conmigo mismo cuando tengo emociones dolorosas.
6. Cuando fallo en algo que es importante para mí, me invade un sentimiento de ser incompetente.
7. Cuando estoy desanimado y triste, me recuerdo a mí mismo que hay mucha gente en el mundo que se siente como yo.
8. Cuando las circunstancias son realmente difíciles, tiendo a ser duro conmigo mismo.
9. Cuando algo me molesta trato de mantener mis emociones en equilibrio.
10. Cuando me siento incompetente de algún modo, trato de recordar que estos sentimientos de incompetencia son compartidos por la mayoría de las personas.
11. Soy intolerante e impaciente hacia aquellos aspectos de mi personalidad que no me gustan.
12. Cuando estoy pasando por un período muy difícil, me doy el cuidado y la ternura que necesito.

13. Cuando estoy con el ánimo bajo, tiendo a sentir que los demás son probablemente más felices que yo.
14. Cuando algo doloroso sucede trato de tomar una perspectiva equilibrada de la situación.
15. Trato de ver mis errores como parte de la condición humana.
16. Cuando veo aspectos de mí mismo/a que no me gustan, me juzgo duramente.
17. Cuando fallo en algo que tiene importancia para mí trato de ver las cosas en perspectiva.
18. Cuando estoy pasando por un momento difícil, tiendo a pensar que para los demás las cosas son más fáciles.
19. Soy amable conmigo mismo cuando experimento algún sufrimiento.
20. Cuando algo me molesta me dejo llevar por mis sentimientos.
21. Puedo ser un poco duro conmigo mismo cuando estoy sufriendo.
22. Cuando me siento deprimido me relaciono con mis sentimientos con curiosidad y apertura.
23. Soy tolerante con mis propias imperfecciones y debilidades.
24. Cuando algo doloroso sucede tiendo a exagerar las cosas fuera de proporción.
25. Cuando fallo en algo que es importante para mí, tiendo a sentirme solo en mi fracaso.
26. Trato de ser comprensivo y paciente hacia aquellos aspectos de mi personalidad que no me gustan.

Cada subescala se calcula realizando la media de las respuestas a todos los ítems de la subescala. Para calcular el valor total de cada una de las 3 subescalas principales (autocompasión, humanidad común y *mindfulness*) hay que hacer la media de los ítems de dichas subescalas en forma directa. A esa cifra se le suma la media de los ítems de las subescalas complementarias (de auto-amabilidad es auto-juicio, de humanidad común es aislamiento y de *mindfulness* es sobre-identificación), que se calculan de forma inversa (ej: 1 = 5, 2 = 4, 3 = 3, 4 = 2, 5 = 1). La media de cada una de las 3 subescalas se calcula, por tanto, haciendo la media de las dos subescalas complementarias, corrigiendo de forma directa la escala principal y de forma inversa la escala complementaria.

BIBLIOGRAFÍA

BARNARD, LAURA K. – CURRY, JOHN F., «The Relationship of Clergy Burnout to Self-Compassion and Other Personality Dimensions», *Pastoral Psychol* 61-2 (2012) 61:149-163.

CREA, GIUSEPPE, *Diagnosi dei conflitti interpersonali nelle comunità e nei gruppi*, Edizioni Dehoniane Bologna, Bologna, 2006.

———, *Agio e disagio nel servizio pastorale*, Edizioni Dehoniane Bologna, Bologna, 2010.

GRAZIOLI, ALCEO, *Fragili e perseveranti*, Edizioni Dehoniane Bologna, Bologna, 2015.

JUAN PABLO II, *Exhortación apostólica postsinodal Pastores dabo vobis*, en http://w2.vatican.va/content/john-paul-ii/es/apost_exhortations/documents/hf_jp-ii_exh_25031992_pastores-dabo-vobis.html [13-01-2017].

LARCHET, JEAN CLAUDE, *Terapéutica de las enfermedades espirituales*, Ediciones Sígueme, Salamanca, 2014.

LIN, CHENG-CHIEH – YEN-JU LIN, BLOSSOM – LIN, CHIA-DER, «Influence of clerks' personality on their burnout in the clinical workplace: a longitudinal observation», *BMC Medical Education* (2016) 16:30.

LIN, CHIA-DER – YEN-JU LIN, BLOSSOM, «Training demands on clerk burnout: determining whether achievement goal motivation orientations matter», *BMC Medical Education* (2016) 16:214.

MEO, ANNA, *Diagnosi e terapia di una malattia dell'anima: l'akedía. Dalla filautía all'agápe*, Lateran University Press, Città del Vaticano, 2016.

MORELLI, FR. GEORGE, «Clergy Burnout and Fatigue», en http://www.antiochian.org/node/22383 [13-01-2017].

NAULT, DOM JEAN-CHARLES, *El demonio del mediodía*, Biblioteca de Autores Cristianos, Madrid, 2014.

NEFF, KRISTIN, «Development and validation of a scale to measure self-compassion», *Self and Identity* 2 (2003), 223-250.

PALMER, ALAN G., «Clergy Stress, Causes and Suggested Coping Strategies», *Churchman* 112-2 (1998), 163-172.

ROJAS, ENRIQUE, *Adiós, depresión. En busca de la felicidad razonable*, Ediciones Planeta Madrid, 2010.

SWEENEY, GLADYS, «Qué puede (y debe) hacer la psicología por un católico que necesita su ayuda», en https://es.zenit.org/articles/que-puede-y-debe-hacer-la-psicologia-por-un-catolico-que-necesita-su-ayuda/ [13-01-2017].

ÍNDICE

INTRODUCCIÓN 1
DESCRIPCIÓN GENERAL 3
CAUSAS 9
IDENTIFICAR LA CAÍDA 17
CIRCUNSTANCIAS EN JUEGO 23
TIPOS DE *BURNOUT* 47
CONCLUSIÓN 51
ANEXOS 57
BIBLIOGRAFÍA 61

Se terminó la edición de este libro
el día 19 de marzo de 2018,
solemnidad de San José

Per Regnum Christi ad Gloriam Dei

Made in the USA
Middletown, DE
21 April 2018